BEI GRIN MACHT SICH IHR WISSEN BEZAHLT

Dana Stechbart

Das Flow Erleben: Erläuterung am Beispiel des Computerspielens

GRIN Verlag

Bibliografische Information der Deutschen Nationalbibliothek:

Die Deutsche Bibliothek verzeichnet diese Publikation in der Deutschen National-
bibliografie; detaillierte bibliografische Daten sind im Internet über http://dnb.d-
nb.de/ abrufbar.

Impressum:

Copyright © 2007 GRIN Verlag GmbH
Druck und Bindung: Books on Demand GmbH, Norderstedt Germany
ISBN: 978-3-640-39967-3

Dieses Buch bei GRIN:

http://www.grin.com/de/e-book/130881/das-flow-erleben-erlaeuterung-am-beispiel-
des-computerspielens

GRIN - Your knowledge has value

Der GRIN Verlag publiziert seit 1998 wissenschaftliche Arbeiten von Studenten, Hochschullehrern und anderen Akademikern als eBook und gedrucktes Buch. Die Verlagswebsite www.grin.com ist die ideale Plattform zur Veröffentlichung von Hausarbeiten, Abschlussarbeiten, wissenschaftlichen Aufsätzen, Dissertationen und Fachbüchern.

Besuchen Sie uns im Internet:

http://www.grin.com/

http://www.facebook.com/grincom

http://www.twitter.com/grin_com

Inhalt

1   Das Flow-Erleben – Erläuterung am Beispiel des Computerspielens

Die Entdeckung des Flow-Phänomens geht auf den ungarisch-amerikanischen Soziologen Mihaly Csikszentmihalyi zurück, der sich in seinen Untersuchungen vor allem mit der intrinsischen Motivation beschäftigte. Er erforschte während seiner Doktorarbeit im Jahr 1965 spielerische und künstlerische Aktivitäten.[1] Am Verhalten der von ihm beobachteten Künstler war auffällig, dass diese äußerst angestrengt und konzentriert an ihren derzeitigen Werken arbeiteten, doch sobald sie ihre Arbeit beendet hatten, das Interesse an ihr verloren und sich kurz darauf wieder einem neuen Projekt zuwandten. An diesem Verhalten war für Csikszentmihalyi deutlich abzulesen, dass für die beobachteten Personen der Anreiz für das Ausführen einer Tätigkeit in der Tätigkeit selbst lag und nicht in deren Ergebnis.[2]

Im Jahr 1975 versuchte Csikszentmihalyi erstmals mittels einer großen Interviewstudie Merkmale auszumachen, die Tätigkeiten so interessant machen, dass sie auch immer wieder gesucht und ausgeführt werden. Aus diesen Interviews gewann er schließlich verschiedene Erlebnis- und Bedingungskomponenten, die das von ihm beobachtete Phänomen der intrinsischen Motivation zur Folge haben. Bei diesem Phänomen handelt es sich um einen Zustand des „selbstreflexionsfreie[n, D.S.], gänzlich[en, D.S.] Aufgehen[s, D.S.] in einer glatt laufenden Tätigkeit, bei der man trotz voller Kapazitätsauslastung das Gefühl hat, den Geschehenslauf noch gut unter Kontrolle zu haben."[3]

1.1   Die Komponenten des Flow-Erlebens

Im Folgenden sollen die verschiedenen Erlebnis- und Bedingungskomponenten aufgeführt werden, welche nach Csikszentmihalyi Indikatoren für das Vorhandensein des Flow-Erlebens darstellen.[4] Des Weiteren wird in diesem Zusammenhang gezeigt, dass die Faszinationskraft, die beispielsweise Computerspiele auf verschiedene Altersgruppen ausüben, in beträchtlichem Maß von der Möglichkeit des Erlebens von Flow abhängt.

---

[1] Vgl. Böttcher (2005), S. 15
[2] Vgl. Heckhausen (2006), S. 345
[3] Heckhausen (2006), S. 345
[4] Vgl. Csikszentmihalyi (1995), S. 275

1.1.1 Die Balance zwischen Fähigkeiten und Anforderungen

Diese Bedingungskomponente des Flow-Erlebens ist dadurch gekennzeichnet, dass man sich optimal beansprucht fühlt und trotz einer relativ hohen Beanspruchung während der ausgeführten Tätigkeit sicher ist, stets die Kontrolle über das Geschehen zu haben. Dies bedeutet, dass die Anforderungen, die während der Tätigkeit an die Person gestellt werden auch ihren Fähigkeiten angemessen sein müssen beziehungsweise leicht darüber liegen sollten.[5] Ein typisches Merkmal von Computerspielen sind die klaren und für den Spieler überschaubaren Handlungsregeln. Das Spiel wird für den Spieler zumeist erst dadurch interessant, dass es für ihn eine Herausforderung darstellt, ob er die an ihn gestellten Leistungsanforderungen erfüllen kann oder nicht. Daher müssen Computerspiele Leistungsanforderungen an den Spieler stellen, welche er unter Anstrengung gerade noch bewältigen kann, denn nur so wird es für ihn möglich in den Flow-Zustand zu gelangen. Aus diesem Grund ist es in vielen Computerspielen möglich, dass der Nutzer den Schwierigkeitsgrad sowie die Bedienung des Spiels variieren und damit seinen individuellen Fähigkeiten anpassen kann.

1.1.2 Die Interpretationsfreiheit des Handlungsablaufes

Die Handlungsanforderungen, die an die Person gestellt werden sowie die Rückmeldungen, die die Person erhält, werden bei von ihr bei dieser Flow-Komponente immer als klar und interpretationsfrei erlebt. Das heißt, die Person weiß ohne darüber nachzudenken zu jeder Zeit was zu tun ist.[6] In der Eindeutigkeit der Handlungsanforderungen liegt der besondere Reiz von Computerspielen. Diese Spiele sind größtenteils so aufgebaut, dass der Spieler schnell erfährt worum es Spiel geht, welche Handlungen von ihm erwartet werden und ob diese für das Ziel des Spiels von Bedeutung sind, er kann demzufolge sehr zügig ins Geschehen einsteigen.

1.1.3 Die Handlungsschritte gehen flüssig ineinander über

Der Ablauf der Tätigkeit sowie die darauf bezogenen Handlungen werden von der Person als glatt erlebt. Jeder Schritt der Handlung geht flüssig in den nächsten über, so als ob das Geschehen gleitend und wie aus einer inneren Logik heraus laufen würde. Diese Komponente war wohl auch der Grund, weshalb dieses Phänomen der intrinsischen Motivation die Bezeichnung Flow erhielt.[7] Da Computerspiele so angelegt sind, dass der Spieler bereits nach einigen Versuchen ausreichend Erfahrungen gesammelt hat. Dadurch wird es ihm möglich,

---

[5] Vgl. Heckhausen (2006), S. 346
[6] Vgl. Heckhausen (2006), S. 346
[7] Vgl. Heckhausen (2006), S. 346

seine Handlungen zunehmend zu automatisieren, so dass er schon bald voll im Spielgeschehen integriert ist und sich jetzt nicht mehr einzelner Spielhandlungen bewusst ist.

1.1.4 Die Ausblendung aller unnötigen Kognition

Diese Flow-Komponente beinhaltet, dass für die Ausführung der Handlung keine willentliche Konzentration nötig ist, sondern dass diese eher wie von selbst kommt. Weiterhin wird jegliche Kognition, die nicht zur Ausführung beziehungsweise zu Regulation der Handlung benötigt wird, ausgeblendet.[8] Das Spielen am Computer bewirkt die ungeteilte Aufmerksamkeit des Nutzers, folglich erbringt er in während des Spielens sehr hohe Konzentrationsleistungen. Für den Spieler existiert in diesem Moment nichts Anderes, nur das Spiel und demzufolge auch nur jene Tätigkeiten, die für das Spiel von Bedeutung sind. Daher wird die Umwelt zu meist vollkommen ausgeblendet.

1.1.5 Das stark beeinträchtigte Zeiterleben

Ein deutliches Anzeichen dafür, dass sich eine Person während einer Tätigkeit im Flow-Zustand befindet ist, dass ihr Zeiterleben so stark eingeschränkt ist, dass sie nicht abschätzen kann, wie viel Zeit während der Handlung bereits vergangen ist. Sie hat das Gefühl, die Stunden würden wie Minuten vergehen.[9] Für das Spielen am Computer bedeutet dies, dass die Spieler mehr Zeit in die Computernutzung investieren, als zu nächst von ihnen beabsichtig wurde. Des Weiteren sind die Nutzer von Computerspielen nach dem Beenden häufig sehr überrascht, wie viel Zeit sie vor dem Rechner verbracht haben, denn ihr eigenes Zeiterleben ist keineswegs deckungsgleich mit der tatsächlich vergangenen Zeit.

1.1.6 Der Verlust von Reflexivität und Selbstbewusstheit

Diese letzte Flow-Komponente ist dadurch gekennzeichnet, dass es zum so genannten „Verschmelzen" von Selbst und Tätigkeit kommt. Die handelnde Person geht vollkommen in ihrer Tätigkeit auf und fühlt sich selbst nicht mehr abgehoben von dieser. Daher spricht man auch davon, dass es zum Verlust von Selbstbewusstheit und Reflexivität der Person kommt.[10] Dieses „Verschmelzen" von Selbst und Tätigkeit ist ein typisches Merkmal für Computerspieler, sie sind zu meist so stark ins Spielen vertieft, dass sie nicht daraus entfernen möchten. Sie achten weder auf Hunger und Müdigkeit, noch auf die bereits verstrichene Zeit oder auf die Folgen des Spielens.

---

[8] Vgl. Heckhausen (2006), S. 346
[9] Vgl. Heckhausen (2006), S. 346
[10] Vgl. Heckhausen (2006), S. 346

1.2   Die Flow-Forschung

Im Folgenden Kapitel dieser Arbeit wird auf die Flow-Forschung näher eingegangen. In diesem Zusammenhang werden zwei Verfahren ausführlicher erläutert, die quantitative sowie die qualitative Flow-Forschung. Des Weiteren werden in diesem Zusammenhang aufgetretene Probleme sowie die Versuche zu deren Lösung thematisiert.

1.2.1   Quantitative Flow-Forschung

Das Problem der Flow-Forschung ist, dass es für die Probanden sehr schwierig sein dürfte, einen Zustand zu charakterisieren, welcher die von Csikszentmihalyi definierte Flow-Komponente der Selbstreflexionsfreiheit beinhaltet. Demzufolge könnten bei einer Befragung der Probanden die Komponenten des Flow-Zustandes nur unzureichend wieder erkannt und beschrieben werden. Deshalb wurde ein Verfahren benötigt, bei welchem die Befragung sowie die daraus resultierende Datenerfassung so zeitnah wie nur möglich an der zu untersuchenden Tätigkeit liegt. Am sinnvollsten wäre es demzufolge, die Flow-Messung direkt während des Tätigkeitsvollzuges vorzunehmen.

Um diesen Vorraussetzungen gerecht zu werden, wurde 1977 von Csikszentmihaly, Larson und Prescott die Erlebnisstichproben-Methode („Experience Sampling Method"), kurz ESM entwickelt. Diese Methode zur Messung von Flow ist so angelegt, dass die Probanden während der Tätigkeit durch einen Signalgeber zu unvorhergesehenen Zeitpunkten dazu aufgefordert werden, ihr Befinden während der ausgeführten Tätigkeit sowie die Tätigkeit an sich auf einem skalierten Fragebogen zu bewerten. Diese Erhebungen sind zu meist so angelegt, dass den Probanden über eine Woche verteilt jeden Tag 5-9 Signale gegeben werden. Die Erlebnisstichproben-Methode ist zwar ein sehr aufwendiges Verfahren zur Messung des Flow-Zustandes, sie ist jedoch verrichtungsnah und kann Wissenschaftlich gut ausgewertet werden.[11]

Da die Brauchbarkeit der ermittelten Daten davon abhängig ist, wie genau und worüber die Probanden während der von ihnen ausgeführte Tätigkeit Auskunft geben, sind die Anforderungen an den von ihnen auszufüllenden Skalenblock sehr hoch. Als problematisch bei einigen Anwendungen der Erlebnisstichproben-Methode stellte sich heraus, dass die Skalenformulierung dieser Fragebögen nicht direkt aus der von Csikszentmihalyi entwickelten Flow-Konzeption stammt. Die ESM hatte sich über die Jahre zu einer Methode entwickelt und etab-

---

[11] Vgl. Heckhausen (2006), S. 346

liert, die wichtigsten Dimensionen eines Zustandes des optimalen Erlebens zu erfassen, ohne sich direkt auf das von Csikszentmihalyi erforschte Flow-Phänomen zu beziehen. Erst Jahre später wurde die ESM spezifisch auf Flow-Phänomene angewandt, ohne das die bereits etablierten Skalen direkt auf die Komponenten des Flow-Erlebens angepasst wurden. Aus diesem Grund sind in den Skalenformulierungen der ESM auch nur einige Komponenten des Flow-Erlebens wieder zu finden. Auf Grund dieser Ungenauigkeit der Skalen kam es dazu, dass die ESM teilweise zu unklaren Befunden bei der Auswertung in Bezug auf das Flow-Phänomen führte.[12]

Da die Flow-Komponenten wie bereits erwähnt in der Erlebnisstichproben-Methode nicht vollständig integriert werden konnten, war es schwierig mittels der ESM zu erkennen, ob es während einer untersuchten Tätigkeit zum Flow-Zustand kam oder nicht. Csikszentmihalyi versuchte trotz allem die Flow-Bestimmung über die erlebte Passung bzw. Balance zwischen den durch eine Situation gestellten Anforderungen und den von der jeweiligen Fähigkeiten einer Person zu bestimmen. Diese Vorgehensweise ist jedoch in so fern problematisch, als das diese Passung zwischen Anforderungen und Fähigkeiten nur eine der von Csikszentmihalyi ermittelten Komponenten der Flow-Erlebens darstellt. Des Weiteren kann nicht zwingend davon ausgegangen werden, dass wenn Probanden sich im Flow-Zustand befinden und dabei die Balance zwischen Anforderungen und Fähigkeiten vorliegt, auch der Umkehrschluss, nämlich dass es bei der Passung von Anforderungen und Fähigkeiten zum Flow kommt, zutrifft.[13]

Ein weiteres Problem, das bei der Flow-Bestimmung eine wesentliche Rolle spielt ist die ungenaue Formulierung in Bezug auf den Begriff „challenge". Hierbei wird inhaltlich nicht immer deutlich, ob lediglich von der Anforderung, die eine Situation an eine Person stellt gesprochen wird oder ob die Situation eine Herausforderung für die Person darstellt. Genauer betrachtet besteht erst dann eine Herausforderung, wenn eine Passung von Anforderung, die eine Situation an die Person stellt und den Fähigkeiten der Person vorliegt. Wenn die Anforderungen weit unter den Fähigkeiten liegen, stellt die Handlung eine Routine Tätigkeit dar und wenn die Anforderungen die Fähigkeiten übersteigen wird die Person sich der Tätigkeit nicht zuwenden. Folglich wird das Erleben eines Flow-Zustandes unwahrscheinlich, wenn eine Tätigkeit nicht als Herausforderung empfunden wird. Über genau eben jenen Abgleich

---

[12] Vgl. Heckhausen (2006), S. 347
[13] Vgl. Heckhausen (2006), S. 347

von Anforderung und Fähigkeit wird bei der ESM aber die Flow-Bestimmung vorgenommen. Auf Grund der ungenauen Formulierung von Anforderung und Herausforderung kam es bei den Skalen der ESM zu einer Verwechslung der Begriffe. Csikszentmihalyi arbeitete in der theoretischen Konzipierung des Flow-Models mit dem Begriff der Anforderung, wie zum Beispiel den individuell empfundenen Schwierigkeitsgraden von Tätigkeiten. Faktisch wurde in der ESM aber skaliert, ob die Situation vom Probanden als eine Herausforderung erlebt wird. Aus diesem Grund konnte bei der Auswertung der Ergebnisse der skalierten Fragebögen auch bei niedrigen Challenge-Werten kein Erleben von Flow registriert werden, denn wenn bereits die Herausforderung vom Probanden als niedrig eingestuft wird, spielt es keine Rolle wie hoch oder auch niedrig die Fähigkeiten des Probanden auf diesem Gebiet sind.

1.2.2 Qualitative Flow-Forschung

In Abbildung 2 wird das ursprüngliche Flow-Modell, das so genannte Flow-Kanal-Modell dargestellt. In diesem Modell wurden die Anforderung (Challenge) auf der Ordinate und die Fähigkeit (Skill) auf der Abszisse abgetragen. Das diagonale Feld in der Mitte des Koordinatensystems bildet den Bereich (Kanal), in dem sich Anforderungen und Fähigkeiten in Balance befinden und somit das Flow-Erleben möglich wird. Wenn die Anforderungen, die während einer Tätigkeit an eine Person gestellt werden ihre Fähigkeiten übersteigen, hat diese Person die Situation nicht mehr unter Kontrolle und wird sich nach diesem Modell im Zustand der Angst (Anxiety) befinden. Sollten die Fähigkeiten einer Person, die an sie gestellten Anforderungen aber überschreiten, ist diese demzufolge unterfordert und würde sich daher im Zustand der Langeweile (Boredom) befinden. Die Aussage des Flow-Kanal-Modells ist also, dass sobald es während einer Tätigkeit zur Balance zwischen Anforderungen und Fähigkeiten kommt, sich der Flow-Zustand einstellt.

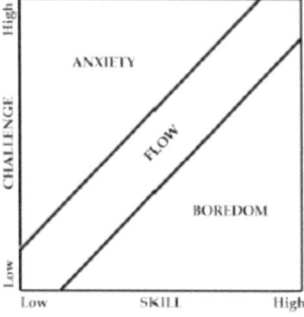

Abbildung 1: Das Flow-Kanal-Modell[14]

Wie bereits im vorangegangenen Kapitel erwähnt, führten die zweifelhafte Gleichsetzung von Anforderung und Herausforderung zu unklaren Befunden. Daher wurde eine Modellrevision des Flow-Kanal-Modells vorgenommen.

Abbildung 2: Das Quadranten-Modell[15]

Das in Abbildung 3 dargestellte Quadrantenmodell zeigt im Gegensatz zum Flow-Kanal-Modell, dass tatsächlich nur in jenem Bereich das Erreichen des Flow-Zustandes möglich ist, in dem die Situation als Herausforderung empfunden wird, demzufolge die Anforderungen auf entsprechende Fähigkeiten treffen. Das Flow-Erleben tritt folglich nur dort ein, wo die erlebte Herausforderung sowie die entsprechenden Fähigkeiten hoch sind. Ähnlich wie im Flow-Kanal-Modell gezeigt hat in diesem Modell die Kombination einer hohen Herausforderung mit niedrigen Fähigkeiten den Gefühlszustand der Angst (Anxiety) und die Kombination einer niedrigen Herausforderung mit hohen Fähigkeiten den Zustand der Langeweile (Boredom) zur Folge. Der Zustand der Gleichgültigkeit (Apathy) entsteht folglich, wenn die Herausforderung als gering erlebt wird und dabei auf niedrige Fähigkeiten trifft.

Da aber auch das Quadrantenmodell noch Unzulänglichkeiten aufwies, wurden weitere Modifikationen vorgenommen. So kam es zur Entstehung des in Abbildung 4 aufgezeigten Oktantenmodells, das eine Erweiterung des Quadrantenmodells darstellt. Im Oktantenmodell wurden neben niedrigen und hohen Fähigkeits- und Anforderungsstufen auch mittlere Abstufun-

---

[14] Böttcher (2005), S. 17
[15] Böttcher (2005), S. 17

gen eingearbeitet. Dadurch entstanden acht verschiedene Beziehungen zwischen Anforderungen (Challenges) und Fähigkeiten (Skills).

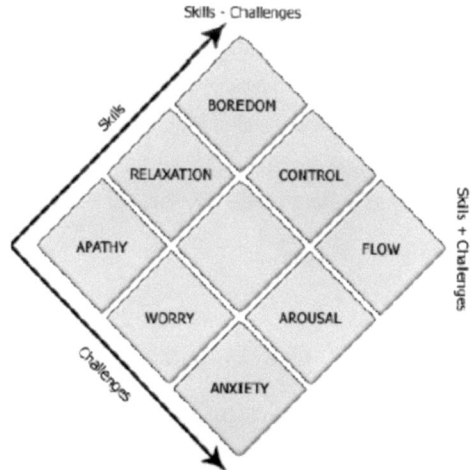

Abbildung 3: Das Oktanten-Modell[16]

Aus diesen Kombinationen von hohen, mittleren und niedrigen Fähigkeits- und Anforderungsstufen, ergeben sich folgende Gemütszustände:

- hohe Anforderungen und mittlere Fähigkeiten verursachen Erregung (Arousal)
- aus hohen Anforderungen und hohen Fähigkeiten entsteht Flow
- Steuerung ergibt sich aus mittleren Anforderungen und hohen Fähigkeiten (Control)
- niedrige Anforderungen und hohe Fähigkeiten führen Langeweile herbei (Boredom)
- niedrige Anforderungen und mittlere Fähigkeiten ergeben Entspanntheit (Relaxation)
- niedrige Anforderungen und niedrige Fähigkeiten haben Apathie zur Folge (Apathy)
- mittlere Anforderungen und niedrige Fähigkeiten verursachen Besorgtheit (Worry)
- hohe Anforderungen und niedrige Fähigkeiten lösen Angst (Anxiety) aus

1.2.3 Die vollständige Erfassung des Flow-Erlebens

Die Probleme bei der Bestimmung des Flow-Phänomens führten dazu, dass unterschiedliche Instrumente entwickelt wurden, um die verschiedenen Komponenten des Flow-Zustandes

---

[16] Böttcher (2005), S. 18

möglichst vollständig zu erfassen. Dazu zählt das in Tabelle 1 veranschaulichte Kurzverfahren, welches mittels zehn Items das Flow-Erleben bei beliebigen Tätigkeiten sowie durch drei weitere Items die Befürchtungen in der momentanen Situation erfasst. Durch dieses Verfahren wird es möglich, das Flow-Erleben mit seinen unterschiedlichen Komponenten in 30 bis 40 Sekunden zu erfassen. Deshalb eignet sich die FKS nicht nur für die Einschätzung von bereits vollzogenen Tätigkeiten, sondern lässt sich ebenfalls mit der signalgesteuerten Erfassung des Flow-Zustandes während der Erlebnisstichproben-Methode kombinieren. Dadurch wird es ermöglicht, das Flow-Erleben von Probanden mit allen seinen Komponenten direkt während der Tätigkeit zu erfassen und dabei außerdem Informationen zu den momentanen Befürchtungen der Probanden zu erhalten.[17]

Tabelle 1: Die Flow-Kurzskala (FKS)[18]

Ich fühle mich optimal beansprucht. (F)
Meine Gedanken beziehungsweise Aktivitäten laufen flüssig und glatt. (F)
Ich merke gar nicht, wie die Zeit vergeht. (F)
Ich habe keine Mühe, mich zu konzentrieren. (F)
Mein Kopf ist völlig klar. (F)
Ich bin ganz vertieft in das, was ich gerade mache. (F)
Die Richtigen Gedanken und Bewegungen kommen wie von selbst. (F)
Ich weiß bei jedem Schritt, was ich zu tun habe. (F)
Ich habe das Gefühl, den Ablauf unter Kontrolle zu haben. (F)
Ich bin völlig selbstvergessen. (F)
Es steht etwas Wichtiges für mich auf dem Spiel. (B)
Ich darf jetzt keine Fehler machen. (B)
Ich mache mir Sorgen über einen Misserfolg (B)

Die Items eins bis zehn der Flow-Kurzskala werden zu einem Kennwert F für Flow, die Items 11 bis13 zu einem Kennwert B für die Besorgnis aufsummiert. Die Antworten auf die in der FKS gestellten Fragen werden von den Probanden von „trifft zu" bis „trifft nicht zu" auf einer

---

[17] Vgl. Heckhausen (2006), S. 349
[18] Vgl. Heckhausen (2006), S. 349

7-Punkte-Skala gegeben.[19] Da dieses Verfahren sowie seine Kennwerte normiert sind, kann aus den aus der FKS ermittelten Werten abgelesen werden, ob sich der Proband während der durchgeführten Tätigkeit im Flow befand oder wenn dies nicht der Fall sein sollte, woran es gelegen hat, dass er nicht in den Flow kam.

---

[19] Vgl. Heckhausen (2006), S. 349

2 Literatur

Böttcher, R. A. (2005). *Flow in Computerspielen*. Diplomarbeit, Otto-von-Guericke-Universität Magdeburg. (S. 15-25)

Csikszentmihalyi, M. & Csikszentmihalyi, I. S. (Hrsg.)(1995). *Die Außergewöhnliche Erfahrung im Alltag. Die Psychologie des Flow-Erlebnisses*. Stuttgard: Klett Cotta (S. 273-335)

Fritz, J. & Fehr, W. (Hrsg.)(1997). *Handbuch der Medien: Computerspiele*. Bonn: Bundeszentrale für politische Bildung. (S. 207-213)

Heckhausen, J. & Heckhausen, H. (Hrsg.)(2006). *Motivation und Handeln*. Heidelberg: Springer Verlag. Kapitel 13.5/13.6 (S. 345-354)

Hoelscher, G. R. (1994). *Kind und Computer. Spielen und Lernen am PC*. Heidelberg: Springer Verlag. (S. 67-87)

Klimmt, Ch. (2004). Computer- und Videospiele. In R. Mangold, P. Vorderer & G. Bente, *Lehrbuch der Medienpsychologie*. Göttingen: Hogrefe. Kapitel 29 (S. 695-717)

Leffelsend, S., Mauch, M. & Hannover, B. (2004). Mediennutzung und Medienwirkung. In R. Mangold, P. Vorderer & G. Bente, *Lehrbuch der Medienpsychologie*. Göttingen: Hogrefe. Kapitel 22 (S. 51-73)

Nolda, S. (2002). Pädagogik und Medien. Eine Einführung. In W. Helsper & J. Kade (Hrsg.), *Grundriss der Pädagogik / Erziehungswissenschaft*, Stuttgart: Verlag W. Kohlhammer. (S. 139-149)